葛德石
近代中国考察档案文献汇编

4

张　雷　主编

學苑出版社

图书在版编目（CIP）数据

葛德石近代中国考察档案文献汇编．4 / 张雷主编．
—北京 ：学苑出版社，2014.7
ISBN 978-7-5077-4576-4

Ⅰ．①葛… Ⅱ．①张… Ⅲ．①历史地理－档案文献－汇编－中国－近代 Ⅳ．①K928.6

中国版本图书馆 CIP 数据核字(2014)第 159482 号

责任编辑：洪文雄　　杨　雷
装帧设计：徐道会
出版发行：学苑出版社
社　　址：北京市丰台区南方庄 2 号院 1 号楼
邮政编码：100079
网　　址：www.book001.com
电子信箱：xueyuan@public.bta.net.cn
销售电话：010-67675512　67678944　67601101（邮购）
经　　销：新华书店
印 刷 厂：北京赛文印刷厂
开本尺寸：889×1194　1/16
印　　张：12.5
字　　数：200 千字
版　　次：2014 年 8 月北京第 1 版
印　　次：2014 年 8 月北京第 1 次印刷
定　　价：450.00 元

“我最热爱的是中国”

（总序）

唐晓峰
北京大学 历史地理研究中心

20世纪初年，有一些外国学者凭着强烈的学术意志，来到社会激变的中国。他们宣讲西方学术，探索中国问题，艰苦调查，著书立说，在中国近代学术发展中作出重要贡献。但是由于各种原因，他们之中的许多人都被我们忘掉了。美国大地理学家葛德石（G．B．Cressey）就是其中被忘掉的一位。

1923年，葛德石自欧洲启程，取道北方戈壁荒途来到中国，赴任上海沪江大学（英文名称为Shanghai College）地质与地理系教授，旋任该系主任，组建新式地学教育。他在1926年9月20日写给美国众朋友的公开信中说：“我一个学期要上四门课，总共十一学时，差不多有一百名学生。”“过去两年来，我主要致力于组建工作和安排讲座，从现在起，我应多做些研究了。”在1923年到1929年的六年里，他多次到中国各地进行地理考察，“旅行凡三万哩，除云南、四川、西康、新疆和福建外，足迹所至达二十余省”。当时的中国，军阀混战，社会无序，葛德石的地理考察，因“匪乱和内战，屡为阻障”。例如1926年，“我本想到内蒙古多做些工作，但由于战事而未果。我又打算对滦河做地质考察，此河从蒙古高原流下，至天津北部入海。工作本进展顺利，但到7月13日（不是星期五），我突遭五六个歹徒袭击，工作遂告中断”。

1926至1928年间，葛德石三次油印了一份关于中国地理的书稿。后将书稿完善，配以图表、照片，以 *The Geography of China*《中国地理》为名，交上海商务印书馆印刷。“1932 年即将出版时，逢日本侵入上海，底版被毁，所有图幅及照片全部损失。”此时，葛德石已经返美，在雪城大学（Syracuse University）任地质地理系主任。复经重事编纂，书稿再成，于 1934 年改在纽约出版，名为 *China's Geographic Foundation：A Survey of the Land and its People*（《中国的地理基础》）。

葛德石的书在美国出版后，在中国遂有反响，因受重视，“盗版”书不久问世。据侯仁之师回忆，1936 年先生于燕京大学留校任教，须讲授中国地理学，参考书以葛德石的著作最佳，但原版难求，只能找到非正式翻印的劣版。因一直喜爱此书，先生直到留英期间（40 年代后期），才在英岛购得原版（已然是第八次印刷版），当时的订购单与发票至今与书同为珍藏。

葛德石书原为英文，非正式的中文译本早便流传，且不止一种。直到 1945 年，此书总论部分（前六章）的中译本正式出版，译者是薛贻源，书名为《中国的地理基础》，由开明书店印行。薛氏在译序中说：“总论部分，译者于肄业师大地理系时，承系主任吾师黄海平先生的鼓励课外译读和训诲，即将初稿完成；去冬原著者葛德石教授代表美国国务院访华，于来所就任本所研究员时，得机面请教益，特将译文重加整理出版。”“至于分论部分，系由吾师谌稷如先生译出”，“定名为《中国区域地理》，将另行出版”。所谓分论部分，即第七至二十一章，均为区域地理，包括十五个大区：华北平原、黄土高原、山东辽东热河山地、满洲（东北）平原、满洲东部山脉、兴安岭、中亚草原与沙漠、中央山系、长江平原、四川红壤盆地、江南丘陵、东南沿海、两广丘陵、西南台地、西藏边陲。此分论部分于 1947 年由正中书局出版。

葛德石《中国的地理基础》一书的重要贡献之一，是采用了十五个自然区（见上）的划分方法。此前关于中国的地理著述，多利用已有的政区为区域框架。政区尽管分辨明确，易于指示，但于环境与经济方面，却相当混乱。葛德石指出，“一个农夫生活在河南或在山东的事实，其在地理上的意义，远不及他的农田是在肥沃的平原或在多石的山地。农民更关心的是谷物的适当雨量，而不是省会的名称”。所以对中国景观区域的划分，宜舍弃政治的界线，而依据环境与经济的特征。葛德石的十五区分法，早先在本书的沪江大学油印初稿中便已提出，正式出版时更臻完善。

不过，应该说，舍弃政治界线而取环境特征的中国区域划分方法，并不是自葛德石始，即使在洋人中，1908 年夏之时（L. Richard）的《中国坤舆详志》（*Comprehensive Geography of the Chinese Empire*）就已经用了自然区划法。所以准确地说，葛德石的贡献在于，他的划分更为合理，而其所合之理正是地理学中很要紧的一点，即人与地的关联性。

葛德石的书，以“人类的遗产”一节开篇，他写道：“中国人民生活的根基，深入到土地里面。细心耕种的田园，徒手收获的农作，以及土筑的屋舍，在显示着人与自然的密切联系。”葛德石的地理区域划分，以人地关系特征为指标，观察人如何“渲染”了大地，这最终体现为文化景观。重视文化景观，正是美国地理学的一大特色。一方面是理论传统的引导，另一方面可能产生于同工业化的美国景观的对照。葛德石在中国感受到人与环境的和谐完美：中国“文化景观的种种方面，曾经过了一次进化调和的广泛过程，几乎在每个地方，人们在很久以前，业已尽他所有的工具，来利用自然的富源了。……中国的人生活动已与自然环境完全相适应，我们应用生态植物学的名词，可称之为最理想的‘群落’。”这里，葛德石并非是空发议论，以他在中国“三万哩”的野外观察与情景体验，上述言语应是发自内心。

同样是因为野外考察，他常常发现旧有地理“文本”上的问题。例如在蒙古高原考察时他发现：“许多蒙古地图上都画了不少并不存在的城市，好像作图的人不愿意留出一大块空白的地区。另外，他们参考旅行者的记录，在地图上标满了地名。许多地名是河谷或牧场，也有一些只是井或者不重要的寺庙。其实城市仅仅分布在沙漠的边缘。有一次笔者来到一个地方，在一类标注已成规模的城镇的地图上，这个地方总要被标出来，但那不过是一个电报亭，只住着夫妻俩和一个孩子。还有一次，我用了好几天去找一座在最好的地图上指示的城市，可那座城市早在好几个世纪之前就被成吉思汗毁掉了。”

充分的考察体验与大量的文献整理，构成了写作《中国的地理基础》的基础。在总论中对中国地理形势的宏观把握，在分论中对十五个大区的贴近描述，令一个广袤大国的复杂地理呈现在不同的视野中。科学理性，使本书对中国的优点与劣点并举，在批评方面，并无忌讳。然而，与研究对象的亲近性，又令作者对他所描述的人文大地日渐生情。这是地理学的特点，也是地理学家的特点。我们注意到葛德石在“原序”中脱口而出的一句感慨：因为本书要冷静地对待中国的各方问题，“著者对中国的真诚的友谊，或已难为人知了。”

其实，葛德石“对中国的真诚的友谊”正溢于书表。书中对中国文明的赞美与对中国现代更新的信心，在在可见。葛德石所亲历的中国，正值内乱频发、外患不止的时代，但他在“理解中国”一节中却告诉读者：“目前是不足作为批判中国的代表时期。”“今日中国历史最重要的因素，不是报纸所通常报告的战争和饥馑。经济的、社会的和智力的改进，较之过去军事的和政治的演变，重要得多。中国变动得慢，对于她正有所觉悟的世界新秩序，做完满的适应，也许还需要数十年。而她的结局之为坚忍不拔，那是无可疑的。”

在后来的生活中，葛德石对中国的热爱之情，执著未减。他在雪城的住所，本是一座典型的洋房，却在门廊旁添立了两个中国式的红漆大柱。今天故人已去，但红柱在绿色小丘之间仍十分显眼。葛德石曾说：“中国所表现的艺术和生活的优美，似乎可于北平（北京）得之……住在北平一年，乃是一种世界的最精选的经验。”不知道他选立红漆大柱是否就是受了北京建筑景观的影响。

“二战”期间，葛德石曾任美国国务院驻华文化联络代表，居重庆，与中国地理学家常有来往，并被聘为中国地理研究所兼任研究员。1944年，中国地理学会成立十周年，美国地理学家协会通过葛德石发来贺文，中国地理学会亦经葛德石回函致谢，信中讲，“葛德石是我们真诚的朋友，他在中国的不算长的时间里，已访过许多地方。他同中国的大多地理学家均有交往，并向我们详细介绍了美国地理学界的工作。”在信上署名的理事有胡焕庸（主席）、翁文灏、竺可桢、涂长望、张印堂、黄国璋、李旭旦（秘书长）等，这都是中国地理学界的泰斗。抗战胜利后，葛德石以个人的名义写了一封热情洋溢的致中国人民的长信，祝愿中国走出战争创痍，抓住历史新机，振兴民族事业。

1949年春，在里斯本大会上葛德石当选为世界地理学会会长。4月7日应英国著名历史地理学家达比（H.C. Darby）邀请，到利物浦大学做名为“中国的前途（China’s Prospects)”的公开演讲，演讲之后曾由侯仁之先生做答辞。那几天中令侯仁之先生最不能忘怀的是，演讲的第二天，葛德石又被邀做关于苏联的报告，当时葛德石正兼任苏联大地图集顾问，此报告为内部讲座，在报告之先，葛德石特意声明：我今天虽然讲的是苏联，但是“My first love is China（我最热爱的是中国)”。侯先生常常感慨，五十多年过去，这句话依然有声。

1952 年，因为在亚洲研究上的卓越贡献，葛德石被授予美国的戴维森勋章。戴维森勋章专为太平洋地区的地理研究而设，葛德石为获此奖项的第一人。1999 年，侯仁之先生为获此奖项的第六人。

1954 年 2 月 15 日，葛德石“以一个从事了三十来年亚洲研究的地理学家的身份”上书艾森豪威尔总统，就当时的美中关系，提出三点建议：一、台湾国民党没有希望再返回大陆，美国必须与共产党打交道。长远战略是将北京与莫斯科分别对待，莫斯科政治上可以影响中国，但要支持北京在经济上独立，不依赖苏联。这是需要的，也是可行的；二、在一年或多一点的时间以后，只要北京遵守最起码的外交礼仪和条约规定，美国就可以承认北京政权。实施程序可以是，先允许日本与北京贸易，然后美国逐渐同中国大陆直接贸易，在北京加入联合国的问题上美国不动用否决权，最后正式承认北京政权。与此同时，对美国公众做宣传教育。三、台湾问题。这是个很麻烦的问题，只要台北与北京都宣称自己代表中国，就不可能有解决办法。美国将继续支持蒋介石，但美国显然也要进行一些调整。

1954 年 3 月 12 日美国国务院助理国务卿 Walter Robertson 代表总统给葛德石回信，向他申述了美国政府的立场：美国毫无选择地要制裁中国的共产党政权，限制他们同自由世界的贸易，在政治上孤立他们。美国承认台湾的中华民国是中国的合法政权，在联合国代表中国。目前对共产党中国的任何缓和，都会增强他们军备的经济基础，使他们无虑地进攻邻国。承认共产党中国，接受他们在国际社会的合法性，无疑会提高他们的声望。另外，鉴于意识形态的联系与共同的利益，美国看不出在北京与莫斯科之间有任何分歧。美国目前的政策是，逼使北京向苏联索求苏联无法提供的援助，这样就会造成两者关系的紧张。

3 月 17 日葛德石立即给 Robertson 回信，再次申诉自己的观点。他说：我不赞成任何左派或右派的专权。我之所以给总统写信，是希望国际紧张局面能有缓和的一天。只要存在中华人民共和国愿意建立基本的外交关系的可能性，美国就应当有所准备。

用一句俗话说，真不知葛德石欠了我们中国什么，他竟如此“没完没了”地为中国操心。但是，对这样一位差不多半辈子把心放在中国的世界级的大学者，我们现在的中国人倒是太冷淡、太健忘了。回想 1987 年我在雪城大学过春节。晚会规模很大，有一位美国男子，虽不会讲中国话，却对中国人分外热情，跟每个中国人都打招呼，他必讲的一句话是 ："My father is Cressey（我父亲是葛德石）。"但 Cressey 是何许人？是他的儿子又如何？他对于中国有什么特别之处？在场的中国人没有一个知道的。归国后，我到上海，找到沪江大学校友会，这个校友会办得很正规，有牌子，有联络处，有专人值守，工作应是很认真的。但是，我查遍了"在校任职外国人名单"，竟没有葛德石的名字。问工作人员，也没听说过。我也查过一些一九四九年以后的中文文献，只在 50 年代的《地理学报》上找到过一篇文章《葛德石反动地理学批判》，文中说："在旧中国葛德石曾经挂着沪江大学'教授'的招牌，干了多年的侦察工作。……葛德石巧于将这些反动观点，包藏在虚伪的关怀、同情与慰勉等好听的言辞当中，偷偷地进行毒害的宣传"，"华尔街走卒"葛德石"'笑里藏刀'的暗害行为，实在较之公开的进攻更为可怕，更是可恨"。20 世纪 50 年代以后，在中国书报很难见到葛德石的名字了。

如此看起来，是我们欠葛德石先生的太多了。问题是，像葛德石这样早年在中国治学，在内心植下对中国的热爱，在 20 世纪 50 年代的风潮中被当作帝国主义政治的陪绑，最后被中国新一代完全忘弃的外国学者，还有不少呢。

不过今日，葛德石的档案有幸被张雷发掘。张雷曾在北大随我读书，后就读于葛德石生前执教终生的美国雪城大学。寒暑几载，他得以遍览该校保存的六十箱葛德石档案，因感慨葛氏的贡献，惜其被埋没，决心在文函图件中重新发现葛德石，并将罕为人知的葛氏中国档案公布于世。档案分别以书信、考察报告、影像的门类编为三册，加上张雷自己撰写的评述葛德石与中国地理学之关系的专著一册，合为四册，一同付梓。

这套书籍，小而言之，是我们对葛德石的回报，是认识葛德石与中国地理学之关系的基础文本 ；大而言之，是解读近代地理学史以及中美关系史的重要文献，其意义也是不言而喻的。

2014 年 4 月 23 日 于北京五道口嘉园

注 ：本文最早发表于《读书》2003 年第 12 期，此处为序，略有增删。

总目录

第一卷
葛德石与中国近代地理学

第二卷
葛德石书信档案

第三卷
葛德石在中国考察的报告档案

第四卷
葛德石在中国考察的图像档案

葛德石
近代中国考察档案文献汇编

4

第四卷

葛德石在中国考察的图像档案

张　雷　主编

目 录

前 言

1923年至1950年之间，葛德石在中国工作、生活前后共达七年之久，在考察之际拍摄了许多有关中国景观的照片。这是葛德石解读中国地理的一种重要手段，特别是展示中国南北景观的差别方面，是葛德石刻意突出的一个对比。目前葛德石档案藏有近千张中国地理图像。本集选编的图像主要为葛德石拍摄的中国地理图像，以及葛氏平日精心搜集的中国景观图像，其中包括美国自然历史博物馆、华洋义赈会以及日本南满铁路公司等机构所拍摄的中国照片。这些图像藏诸名山，难得一见，故一并整理出版。

葛德石档案中现存近千张有关中国景观的图像，但是不少照片是一式两份的，所以选择的时候，我们只收最清晰的一张。有些照片没有注明地点，难以判别具体拍摄地址，故暂且不录。另外还有一些照片仅仅是石头或者流水，不具有区域代表性，此次整理也未做收录。

在《中国的地理基础》一书中，葛德石将中国分为十五个自然区域，并引用了许多照片展示地理景观。但是用此自然区域归类葛德石的地理图像，略显琐碎。根据葛德石档案中的图像详尽程度，本书大致分为四大区域部分整理出版，即华北与东北地区、西北地区、华东地区、西南与华南地区。其中西北和华东地区，葛德石用功最深，考察最精，资料也最为丰富。这些珍贵的地理景观图像，为了解这些地区历史地理环境风貌和变迁提供了重要的参考。

葛德石档案所藏图片，多有名称和注释，本书中所选图片的命名，除有明显错讹之处，编者做了一定校勘外，均以作者档案图片原文名称直接翻译为准，以求维持文献原貌。

第一章
华北与东北地区考察图像

安徽北部的棉田（美国农业部水土局藏）

北方典型的客栈

北方典型的帆船（美国商业部藏）

北方农民用独轮车运送棉花

北方用高粱秸秆造屋（美国商业部藏）

北方驴牛共轭拉犁

北方苇编的粮囤（美国商业部藏）

北方乡村的石磨

北京城东的建筑

北京城市航拍图片（美国空军总部藏，1946 年）

北京城外的驼队之一

北京城外的驼队之二

北京城内的驼队

北京城内的街道、水井

北京的店铺

北京城外附近乡村的街道

北京附近乡村街道（美国自然历史博物馆藏）

北京海淀的稻田（美国国家地理杂志藏）

北京护城河一段

北京郊外的乡村

北京郊西的村路

北京街景

北京牌楼与街道

北京京东康熙陵

北京卢沟桥

清华大学校园（北京）

北京石景山煤窑

北京西山东眺

北京图书馆

北京西直门火车站

北京颐和园

长城

东北春耕

东北路工

东北牧马

东北牧牛

河北潮河与长城

河北法华寺旁晒制烟叶

河北的林地

河北定县晾粪（美国农业部水土局藏）

河南许昌的乡村

河北怀来柳树（美国农业部植物引入中心藏）

河南郑州西的黄河与农田

华北水灾（华洋义赈会藏）

华北水灾中的小庙（美国商业部藏）

辽宁大连

辽宁大连港口

辽宁沈阳城门广告

辽宁锦州农田

辽宁营口街景

滦河

滦河之三

滦河船夫午餐

滦河帆影（日本南满铁路调查部藏）

滦河如练

滦河峡谷

滦河纤夫

滦河小舟

南口长城（美国商业部藏）

热河长城

热河承德避暑山庄大佛寺

热河马轿

山东博山

山东博山小贩

山东德州运河

东北的山东移民（日本南满铁路调查部藏）

山东东平大清河

山东黄河大堤（美国商业部藏）

山东黄河河工（美国商业部藏）

山东济南附近的山脉

山东济南郊外的乡村之春

山东济南小清河畔洗衣妇

山东济宁南阳运河

山东莱州城

山东泰山十八盘

山东泰山无字碑

山东西部景观

山东周村

山东周村近郊

山东周村石桥

山东淄川郊外

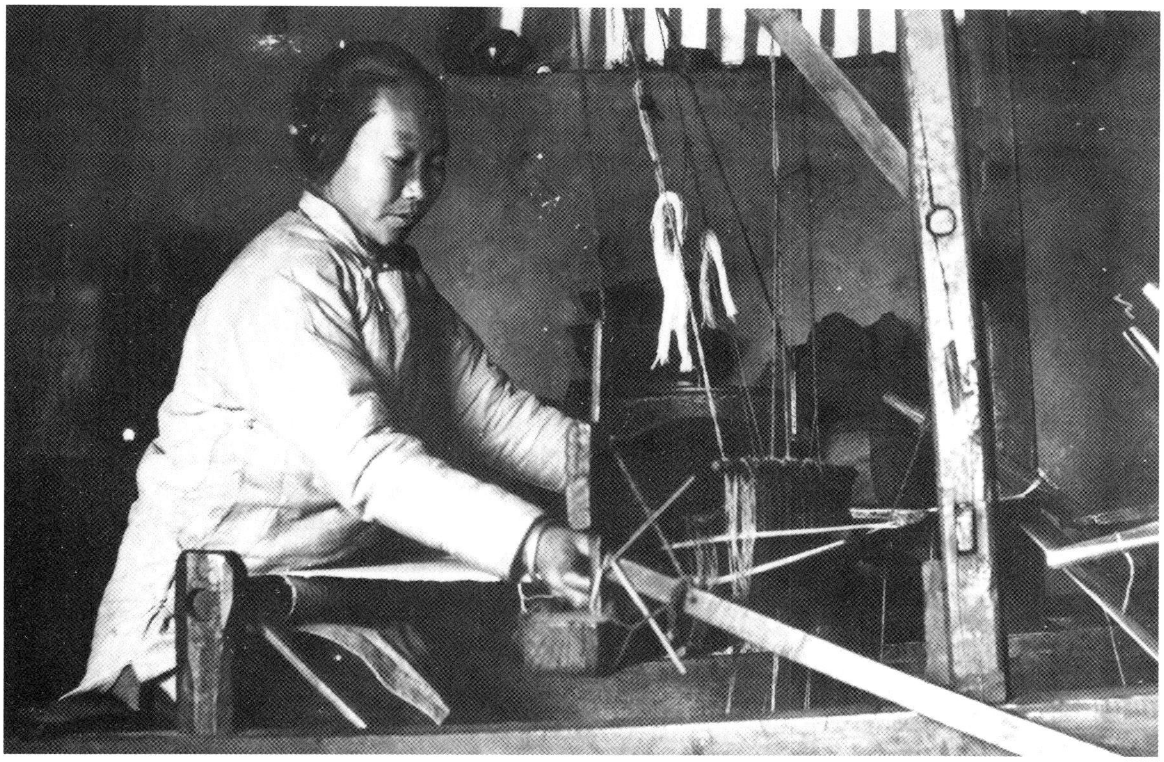

山海关的织妇

山海关

第四卷

葛德石在中国考察的图像档案

第二章
华东地区考察图像

1934 年浙江船中眺望

福建船上磨坊

福建稻田

福建山地稻作

福建延平梯田耕作

福州白塔寺

福州蛋民船屋

福州河床晒谷

福州河景

福州龙骨车水

福州卖花人（日本南满铁路调查部藏）

福州竹筏

沪江大学师生野外考察

沪江大学附近的棉地

沪江帆影

沪江大学毕业仪式

沪江大学

沪江大学雪景

沪江大学校园

江北水灾（1931 年）

江南运河小城

江苏南京蚕业

江苏南京夫子庙贡院

江苏南京秦淮河

江苏南京锯木

江苏苏州街景

江苏苏州运河石桥

江苏苏州运河石桥

江西景德镇制瓷

上海稻田灌溉

上海纺纱老妇

上海奉贤的农家肥料

上海奉贤盐池

上海奉贤渔民

上海水上运竹

上海郊区院中打稻谷

上海街头

上海龙华寺塔

上海南郊小镇

上海鸟瞰

上海苏州河桥

上海苏州河上的船只

上海鞋匠

上海运河一景

浙沪铁路

浙江稻田

浙江谷地稻作

浙江杭州保俶塔

浙江杭州雷锋塔

浙江杭州六和塔

浙江乡村墓葬

浙江杭州西湖

浙江杭州竹筏

浙江杭州竹林与牌坊

浙江嘉兴运河三塔

浙江金华武义江帆船

葛德石浙江考察车队

1934年葛德石浙江考察照

浙江乡村晾晒稻谷

浙江路旁村落

浙江宁波南城鸟瞰

浙江宁波鸟瞰

浙江农家小院

浙江绍兴晨曦

浙江绍兴街景

浙江绍兴水门（日本南满铁路调查部藏）

浙江乡村河道

浙江乡村教堂

浙江严州西部农田

浙江运河石桥

浙西农家小院

第三章
西北地区考察图像

长城附近废弃的农田

甘青边境的贸易村落

甘青之间南山

甘肃北部的鸦片

甘肃北部的孩子

甘肃地震倒塌的庙宇

甘肃旱作

甘肃会宁地震滑坡

甘肃黄土谷地

甘肃家祠

甘肃骡队

甘肃西部的牛车

甘肃西部谷地

河南灵宝县黄土高原的大道

黄河的棉花货船

黄河羊皮筏

黄河之上

黄土高原大道

黄土高原的村落

黄土高原的道路

黄土高原的农田

进入沙漠前的最后客栈

京绥铁路

兰州

兰州东面的乡村

兰州黄河钢桥

兰州西北的黄河冲击平原

兰州西的黄河冲击平原

蒙古包（美国自然历史博物馆藏）

蒙古草原放牧

蒙古打谷

蒙古考察

蒙古骆驼人

蒙陕边界的长城烽火台

内蒙古阿拉善沙漠

葛德石在内蒙古阿拉善沙漠考察

内蒙古阿拉善沙漠行车

内蒙古包头的客栈

内蒙古包头街道

内蒙古包头东门

内蒙古鄂尔多斯的长城

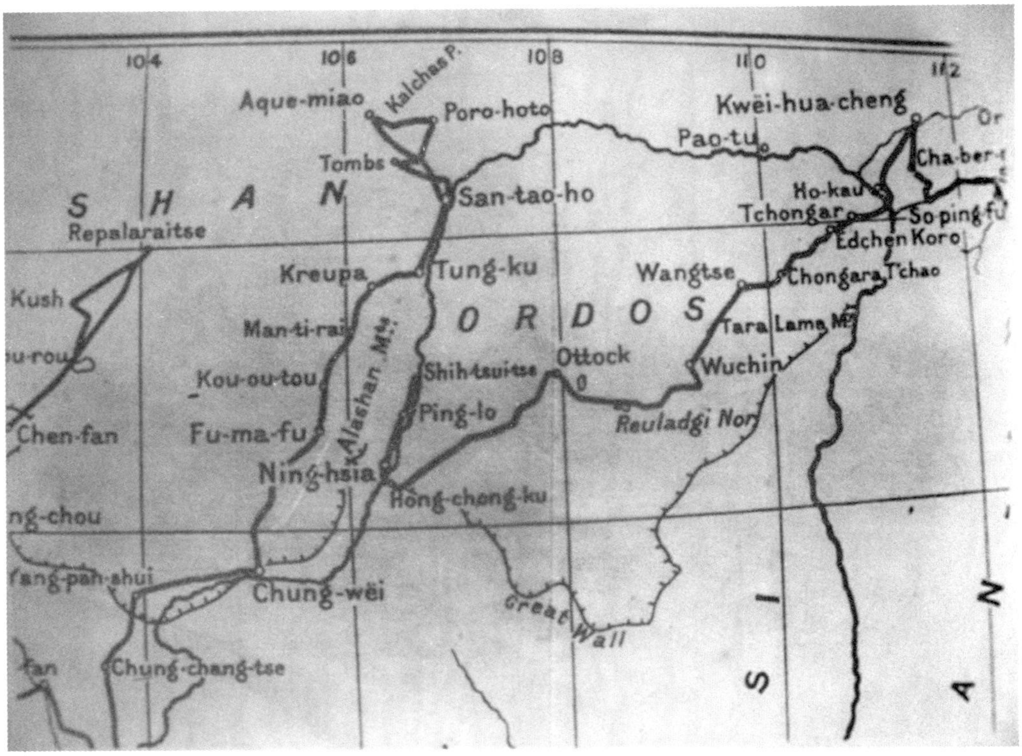

内蒙古鄂尔多斯地图

内蒙古鄂尔多斯黄河的落日

内蒙古鄂尔多斯喇嘛庙内部

葛德石在内蒙古鄂尔多斯考察

内蒙古鄂尔多斯沙漠考察护卫队

内蒙古鄂尔多斯沙漠中的考察骡队

内蒙古王爷府南喇嘛经幡

青藏边界－海藏咽喉

长城

青海的牧民帐篷

青海湖东岸

青海的西藏朝圣者

葛德石在青海湖畔

萨拉齐的龙骨水车

山陕黄河

葛德石考察山西黄土

山西打谷

山西大同的牌楼

山西大同石窟

山西的塔

山西高原

山西黄土地区

山西黄土高原

山西黄土高原的树木

山西考察骡队

山西农家

山西西部公路石桥

山西院落

陕西黄土台地

陕西绥德的乡村寨楼

陕西窑洞院落

陕西榆林的沙漠

绥远

绥远归化昭君墓（日本南满铁路调查部藏）

西安城楼与城墙

第四章
西南与华南地区考察图像

长江巫峡

长江峡谷之一

长江峡谷之二

广东顺禹镇鱼塘

广西梧州

广州城内河流

广州岭南大学

湖南岳阳

贵阳牌坊

贵州石桥

贵州峡谷

湖北汉江上游

湖北石首大坝

湖北宜昌渔船

湖北宜昌路工

四川成都街景

四川成都平原

四川成都平原村落

四川成都平原的道路

四川成都平原小村

四川成都望江楼

四川都江堰

四川峨眉山下车水图

四川灌县索桥

四川自贡井架

四川自贡盐船

四川雅安铁索桥

四川自贡盐井

四川自流井风景

香港俯视图

香港街景

云南大理街景（美国自然历史博物馆藏）

云南大理平原

云南稻田（美国农业部水土局藏）

云南稻田之二（美国农业部水土局藏）

云南滇缅公路

云南罗平谷地

云南蒙自街景（日本南满铁路调查部）

重庆

重庆长江对岸的红土盆地

四川万县（今重庆万州）鸟瞰

四川万县（今重庆万州）

重庆浮屠关牌坊

重庆郊外的牌楼

重庆农田

重庆农校学生